AF188380

Impressum
Verlag: BABADADA GmbH, Nedderfeld 112 , 22529 Hamburg
Geschäftsführer / Verlagsleitung: Harald Hof
Druck: Books on Demand GmbH, In de Tarpen 42, 22848 Norderstedt

Imprint
Publisher: BABADADA GmbH, Nedderfeld 112 , 22529 Hamburg, Germany
Managing Director / Publishing direction: Harald Hof
Print: Books on Demand GmbH, In de Tarpen 42, 22848 Norderstedt, Germany

școală

de School

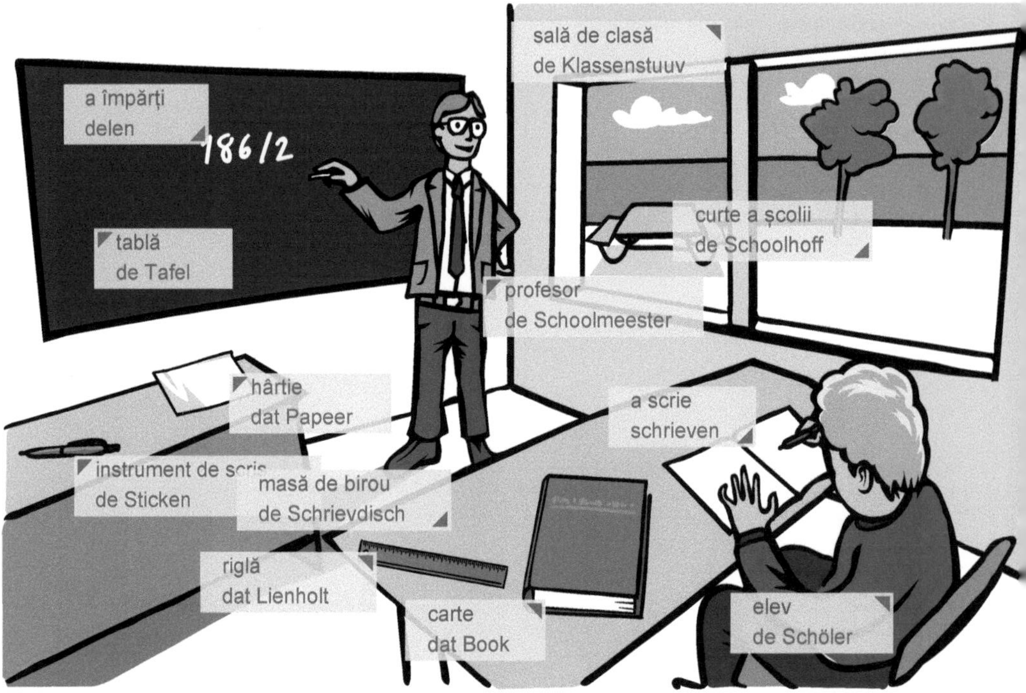

sală de clasă
de Klassenstuuv
a împărți
delen
186/2
tablă
de Tafel
curte a școlii
de Schoolhoff
profesor
de Schoolmeester
hârtie
dat Papeer
a scrie
schrieven
instrument de scr
de Sticken
masă de birou
de Schrievdisch
riglă
dat Lienholt
carte
dat Book
elev
de Schöler

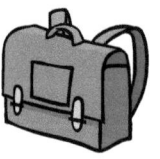

ghiozdan

de Ranzel

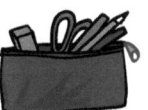

penar

de Feddermapp

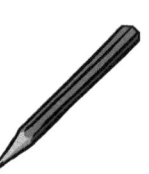

creion

de Bleesticken

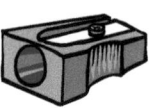

ascuțitoare

de Scharpmaker

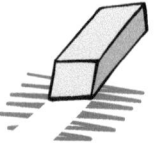

radieră

dat Radeergummi

bloc de desen

de Tekenblock

desen

de Teken

pensulă

de Pinsel

cutie de acuarele

de Malkassen

foarfece

de Scheer

lipici

de Klever

caiet de exerciții

dat Heft to'n Öven

temă

de Huusopgaav

număr

de Tall

2+2

a aduna

tohooptellen

5-2

a scădea

aftrecken

a multiplica

malnehmen

a calcula

reken

A

literă

de Bookstaav

alfabet

dat ABC

cuvânt

dat Woort

text
....
de Text

a citi
....
lesen

cretă
....
de Kried

oră
....
de Stunn

catalog
....
dat Klassenbook

examen
....
de Pröven

certificat
....
dat Tüügnis

uniformă școlară
....
de Schooluniform

educație
....
de Utbillen

enciclopedie
....
dat Nakieksel

universitate
....
de Universität

microscop
....
dat Mikroskop

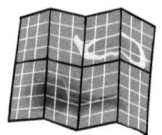

hartă
....
de Koort

coș de gunoi
....
de Papeerkorf

școală - de School

călătorie
de Törn

hotel
dat Hotel
Grand
hostel
de Harbarg
ROOMS
casă de schimb valutar
de Wesselstuuv
valiză
de Kuffer
autovehicul
dat Auto

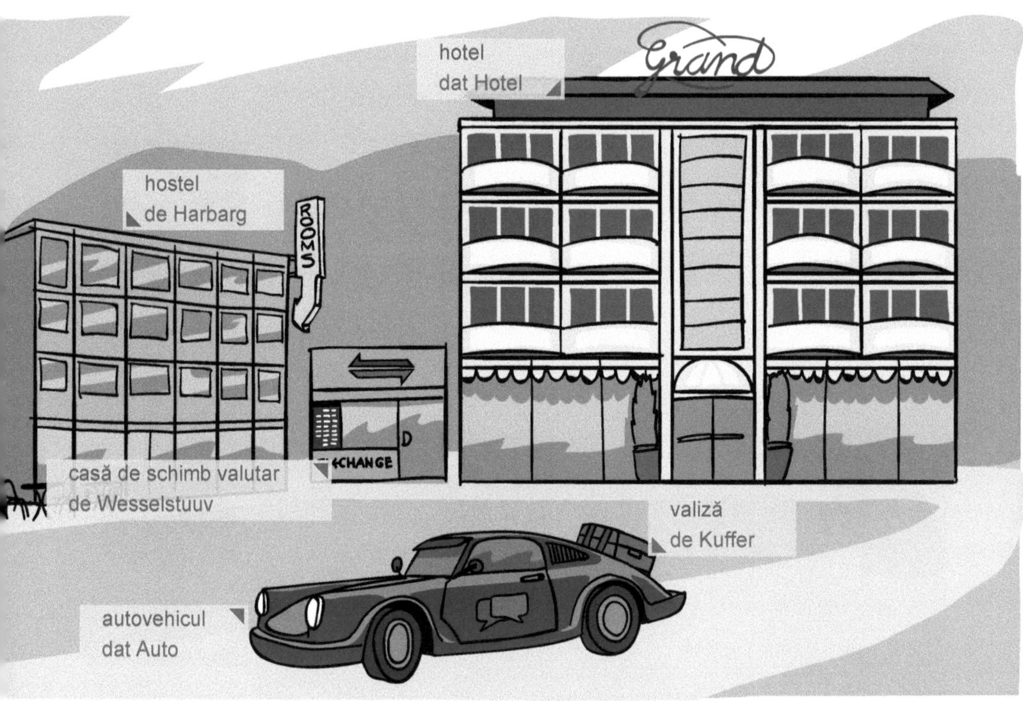

limbă
de Spraak

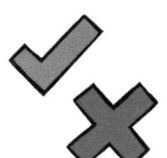

da/nu
jo / ne

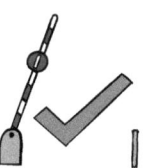

okay
Jo

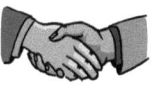

Bună!
Moin

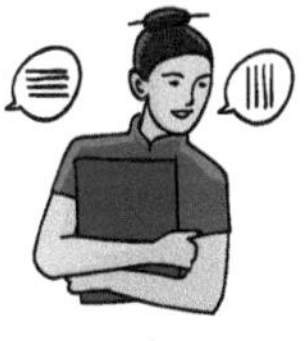

interpret
de Översetter

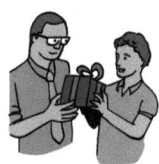

mulțumesc
Dank ok

Cât costă...?

Wat kost...?

Nu înțeleg

Ik verstah nich

problemă

dat Problem

Bună seara!

Goden Avend

Bună dimineața!

Moin!

Noapte bună!

Gode Nacht!

la revedere

Tschüüs

direcție

de Richt

bagaj

de Bagaasch

geantă

de Tasch

rucsac

de Rüchsack

oaspete

de Gast

cameră

de Stuuv

sac de dormit

de Slaapsack

cort

dat Telt

punct de informare turistică

le Touristeninformatschoon

plajă

de Strand

carte de credit

de Kreditkoort

mic dejun

dat Fröhstück

masa de prânz

dat Meddageten

cină

dat Avendeten

bilet de călătorie

de Fohrkort

lift

de Fohrstohl

timbru poştal

de Breefmark

graniţă

de Grenz

vamă

de Toll

ambasadă

de Bottschop

viză

dat Visum

paşaport

de Pass

călătorie - de Törn

transport
de Transport

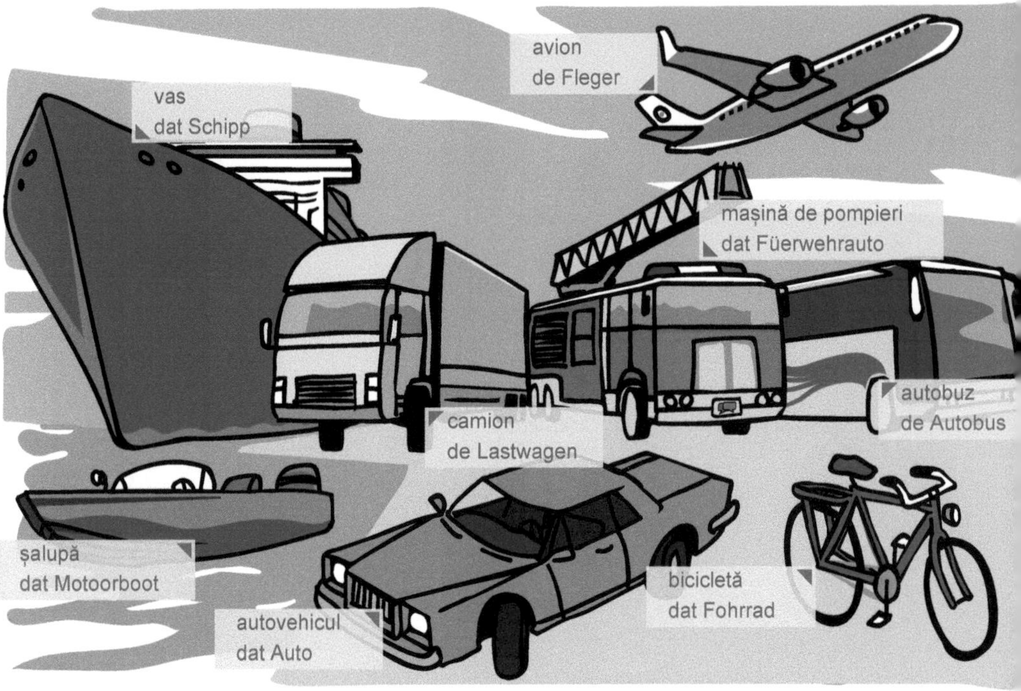

avion
de Fleger
vas
dat Schipp
mașină de pompieri
dat Füerwehrauto
autobuz
de Autobus
camion
de Lastwagen
șalupă
dat Motoorboot
bicicletă
dat Fohrrad
autovehicul
dat Auto

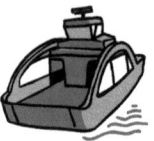

feribot

de Fähr

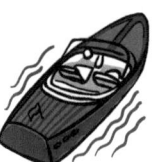

barcă

dat Boot

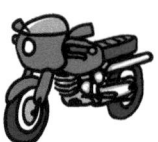

motocicletă

dat Motoorrad

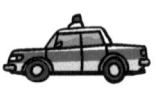

mașină de poliție

dat Polizeiauto

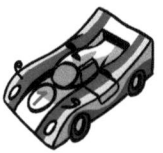

mașină de curse

dat Rönnauto

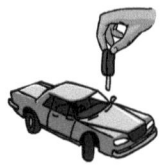

mașină închiriată

de Lehnwagen

car sharing

dat Carsharing

mașină de tractat

de Afsleepwagen

mașină de gunoi

dat Müllauto

motor

de Motoor

combustibil

de Kraftstoff

benzinărie

de Tanksteed

semn de circulație

dat Verkehrsschild

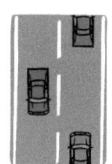

trafic

de Verkehr

ambuteiaj

de Stau

parcare

de Afstellplatz

gară

de Bahnhoff

șine

de Sporen

tren

de Tog

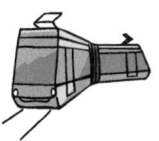

tramvai

de Stratenbahn

vagon

de Wagon

elicopter
de Dwarsmöhl

aeroport
de Flooghaven

turn
de Tower

pasager
de Fohrgast

container
de Grootkist

carton
de Karton

căruță
de Koor

coș
de Korf

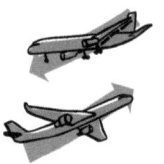

a decola/a ateriza
starten / lannen

oraș
de Stadt

sat
dat Dörp

centru
de Binnenstadt

casă
dat Huus

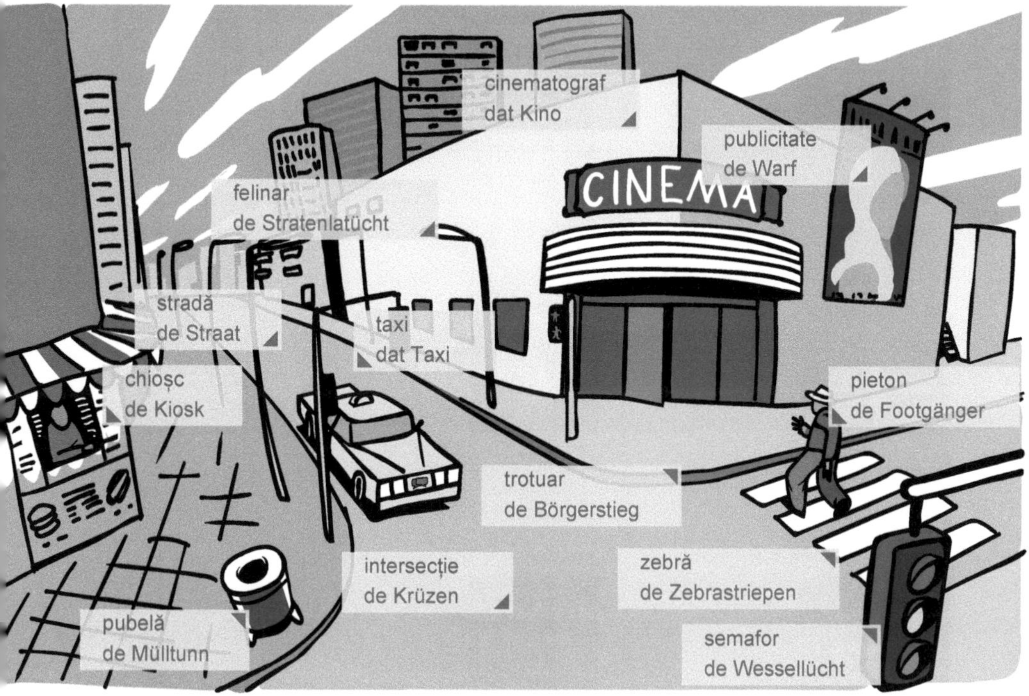
cinematograf
dat Kino
CINEMA
publicitate
de Warf
felinar
de Stratenlatücht
stradă
de Straat
taxi
dat Taxi
chioșc
de Kiosk
pieton
de Footgänger
trotuar
de Börgerstieg
intersecție
de Krüzen
zebră
de Zebrastriepen
pubelă
de Mülltunn
semafor
de Wessellücht

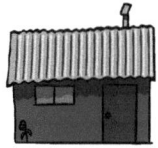

cabană

de Hütt

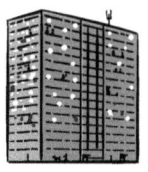

apartament

de Wahnung

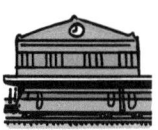

gară

de Bahnhoff

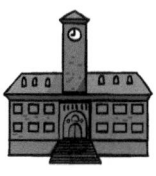

primărie

dat Raathuus

MUSEUM

muzeu

dat Museum

școală

de School

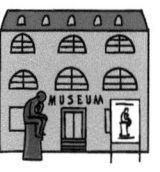

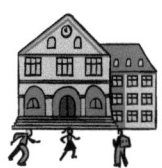

universitate

de Universität

bancă

de Bank

spital

dat Krankenhuus

hotel

dat Hotel

farmacie

de Afteek

birou

dat Büro

librărie

de Bookhökerie

magazin

de Hökerie

florărie

de Blomenhökerie

supermarket

de Supermarkt

piață

de Markt

magazin universal

dat Koophuus

comerciant de pește

de Fischhökerie

centru comercial

dat Inkoopszentrum

port

de Haven

parc

de Parkanlaag

bancă

de Bank

pod

de Brüch

trepte

de Trepp

metrou

de Ünnergrundbahn

tunel

de Tunnel

stație de autobuz

de Busstoppsteed

bar

de Bar

restaurant

dat Spieslokal

cutie poștală

de Breefkassen

tăbliță indicatoare cu
numele străzii

dat Stratenschild

parcometru

de Parkklock

grădină zoologică

de Deertenpark

piscină

de Baadanstalt

moschee

de Moschee

gospodărie țărănească
de Buernhoff

poluare
de Ümweltversmudden

cimitir
de Karkhoff

biserică
de Kark

loc de joacă
de Speelplatz

templu
de Tempel

peisaj
de Landschop

frunză
dat Blatt

indicator
de Wiespahl

drum
de Weg

pajiște
de Wisch

piatră
de Steen

copac
de Boom

drumeț
de Wannerer

râu
de Fluss

iarbă
dat Gras

floare
de Bloom

vale

dat Daal

deal

de Barg

lac

de See

pădure

dat Holt

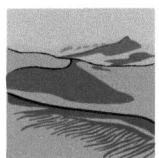

deşert

de Wööst

vulcan

de Füerspien Barg

castel

dat Slott

curcubeu

de Regenbagen

ciupercă

de Poggenstohl

palmier

de Palm

ţânţar

de Steekmück

muscă

de Fleeg

furnică

de Miegeemk

albină

de Imm

păianjen

de Spinn

gândac

de Sebber

broască

de Pogg

veveriță

de Katteker

arici

de Swienegel

iepure

de Haas

bufniță

de Uul

pasăre

de Vagel

lebădă

de Swaan

porc mistreț

dat Wildswien

cerb

de Hirsch

elan

de Elk

dig

de Staudamm

turbină eoliană

dat Windrad

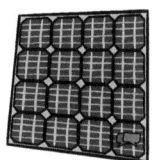

panou solar

dat Solarmodul

climă

dat Klima

restaurant
dat Spieslokal

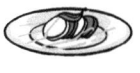

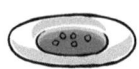

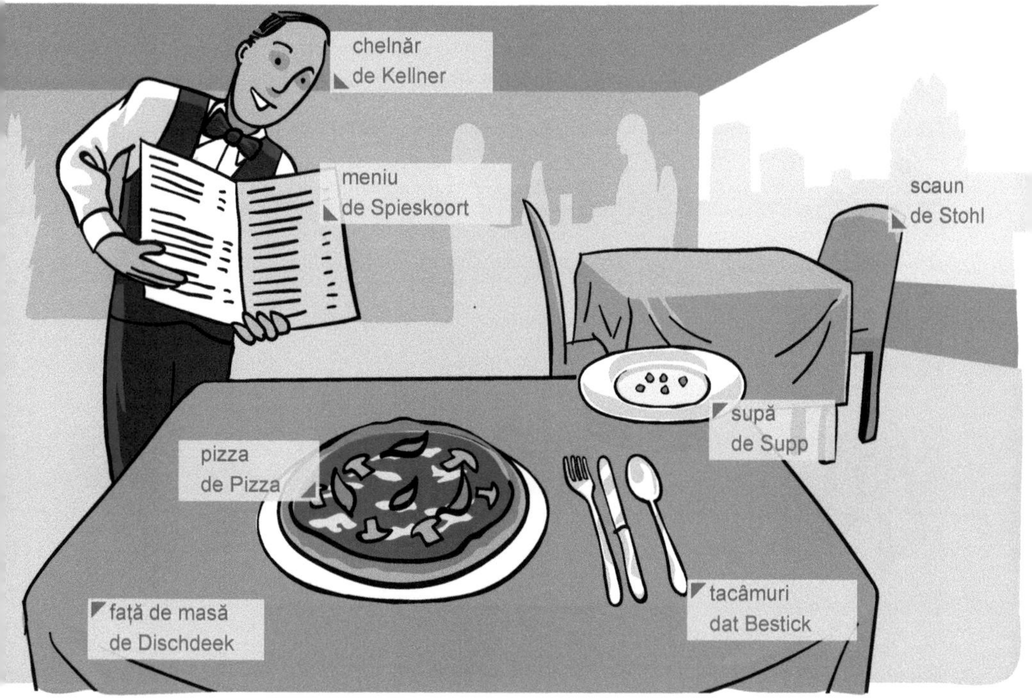

chelnăr
de Kellner
meniu
de Spieskoort
scaun
de Stohl
supă
de Supp
pizza
de Pizza
tacâmuri
dat Bestick
față de masă
de Dischdeek

antreu

de Vörspies

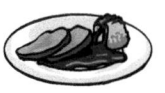

fel principal

dat Haupteten

desert

de Nadisch

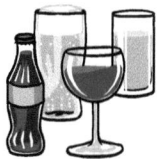

băuturi

de Drünk

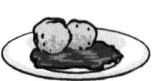

mâncare

dat Eten

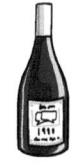

sticlă

de Buddel

fastfood

dat Fastfood

streetfood

dat Strateneten

ceainic

de Teekann

zaharniță

de Zuckerdoos

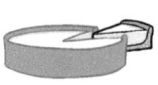

porție

de Portschoon

espressor

de Espressomaschien

scaun înalt (pentru copii)

de Hoochstohl

factură

de Reken

tavă

dat Tablett

cuțit

dat Mess

furculiță

de Gavel

lingură

de Lepel

linguriță

de Teelepel

șervețel

dat Munddook

pahar

dat Glas

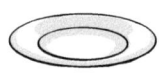

farfurie

de Töller

farfurie de supă

de Suppentöller

farfurie

de Ünnertass

sos

de Sooß

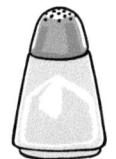

solniță

de Soltstreuer

râșniță de piper

de Pepermöhl

oțet

de Etig

ulei

dat Ööl

condimente

de Krüder

ketchup

de Ketchup

muștar

de Mostrich

maioneză

de Mayonnaise

supermarket

de Supermarkt

ofertă
dat Anbott
FOR
client
de Kunn
produse lactate
de Melkprodukten
fructe
dat Aaft
cărucior de cumpărături
de Inkoopswagen

BUTCHERS

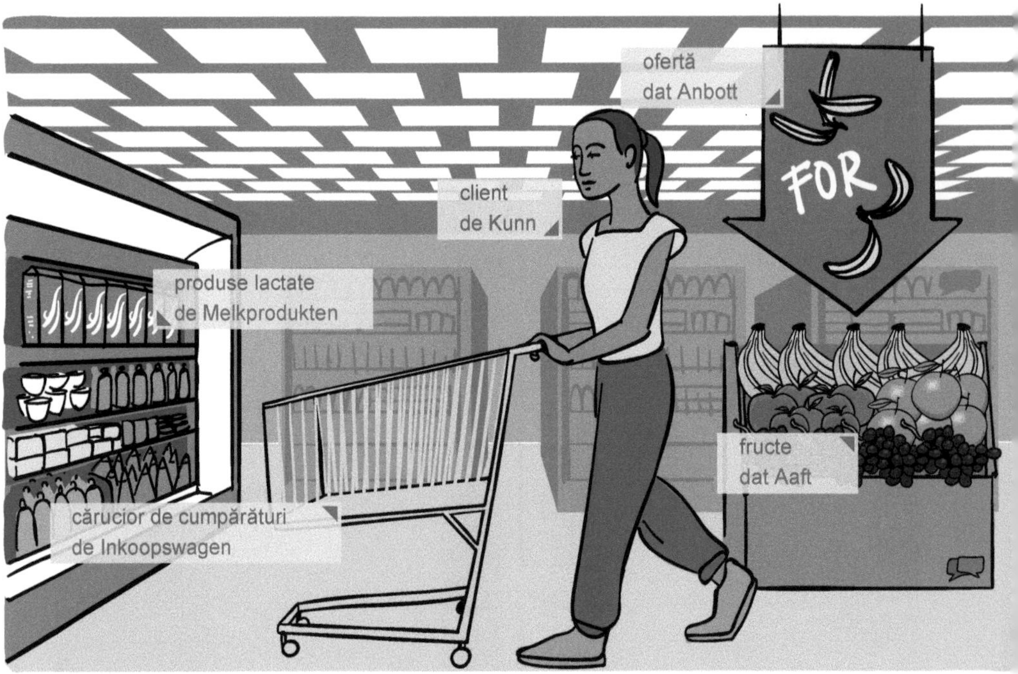

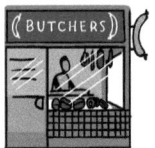

măcelărie

de Slachterie

BAKERY

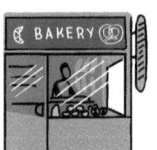

brutărie

de Bäckerie

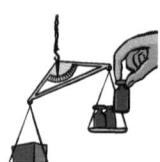

a cântări

wegen

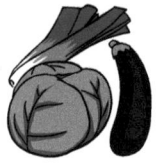

legume

de Gröönsaken

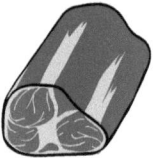

carne

dat Fleesch

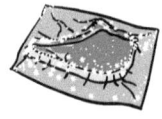

alimente refrigerate

de Deepköhlkost

nezeluri şi brânzeturi feliate

·················

de Opsnitt

conserve

·················

de Konserven

detergent

·················

de Waschmiddel

dulciuri

·················

de Snoopkraam

articole de menaj

·················

de Huushooltssaken

produse de curăţenie

·················

de Reinmaaktüüch

vânzătoare

·················

de Verköpersche

casă

·················

de Kass

casier

·················

de Kasserer

listă de cumpărături

·················

de Inkoopslist

orar

·················

de Opsparrtieden

portmoneu

·················

de Breeftasch

carte de credit

·················

de Kreditkoort

geantă

·················

de Tasch

pungă de plastic

·················

de Plastiktüüt

apă

dat Water

suc

de Saft

lapte

de Melk

cola

de Cola

vin

de Wien

bere

dat Beer

alcool

de Spriet

cacao

de Kakao

ceai

de Tee

cafea

de Koffie

espresso

de Espresso

cappucino

de Cappucino

banane

de Banaan

măr

de Appel

portocală

de Appelsien

pepene

de Meloon

lămâie

de Zitroon

morcov

de Wöttel

usturoi

de Knuuvlook

bambus

de Bambus

ceapă

de Zibbel

ciupercă

de Poggenstohl

nuci

de Nööt

paste făinoase

de Nudeln

spagheti
de Spaghetti

orez
de Ries

salată
de Salat

cartofi prăjiți
de Pommes frites

cartofi țărănești
de Braadkantüffeln

pizza
de Pizza

hamburger
de Hamborger

sandwich
dat Sandwich

șnițel
dat Snitzel

șuncă
de Schinken

salam
de Salami

cârnați
de Wust

pui
dat Hohn

friptură
de Braden

pește
de Fisch

fulgi de ovăz

de Haverflocken

musli

dat Müsli

cereale

de Cornflakes

făină

dat Mehl

corn

de Croissant

chifle

dat Rundstück

pâine

dat Broot

pâine prăjită

dat Toast

biscuiți

de Keksen

unt

de Botter

brânză de vaci

de Quark

prăjitură

de Koken

ou

dat Ei

ouă ochiuri

dat Spegelei

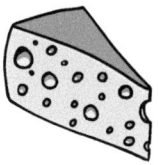

brânză

de Kees

îngheţată

de Ies

zahăr

de Zucker

miere

de Honnig

marmeladă

de Marmelaad

cremă nuga

de Nougat-Creme

curry

dat Curry

gospodărie țărănească
de Buernhoff

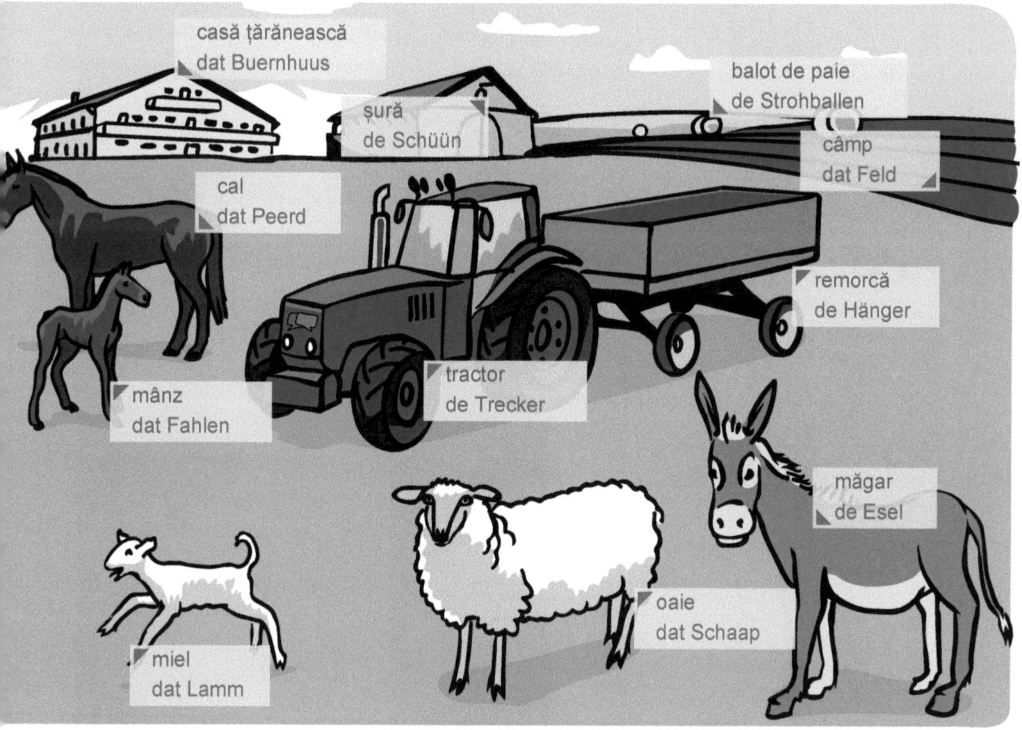
casă țărănească
dat Buernhuus
șură
de Schüün
balot de paie
de Strohballen
câmp
dat Feld
cal
dat Peerd
remorcă
de Hänger
mânz
dat Fahlen
tractor
de Trecker
măgar
de Esel
oaie
dat Schaap
miel
dat Lamm

capră
de Zeeg

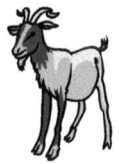

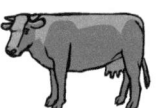

vacă
de Koh

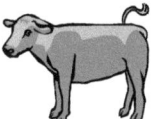

vițel
dat Kalf

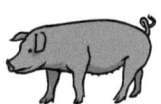

porc
dat Swien

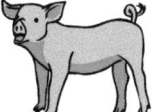

purcel
dat Farken

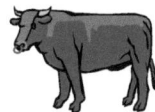

taur
de Bull

găină
de Goos

rață
de Aant

pui
dat Küken

găină
dat Hohn

cocoș
de Hahn

șobolan
de Rott

pisică
de Katt

șoarece
de Muus

bou
de Oss

câine
de Hund

cușcă
de Hunnenhütt

furtun de grădină
de Goornslauch

stropitoare
de Geetkann

coasă
de Lee

plug
de Ploog

seceră
de Sich

sapă
de Hack

furcă
de Mestfork

secure
de Ext

roabă
de Schuufkoor

troacă
de Trog

cană pentru lapte
de Melkkann

sac
de Sack

gard
de Tuun

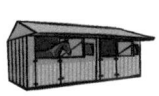

grajd
de Stall

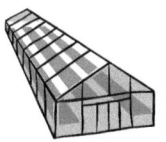

seră
dat Drievhuus

sol
de Bodden

sămânță
de Saat

fertilizator
de Dünger

combină de treierat
de Meihdöscher

a culege
oornen

recoltă
de Oorn

cartof yam
de Yamswöttel

grâu
de Weten

soia
dat Soja

cartof
de Kantüffel

porumb
de Törksche Weten

rapiță
de Rapp

pom fructifer
de Aaftboom

manioc
de Troopsch Kantüffel

cereale
dat Koorn

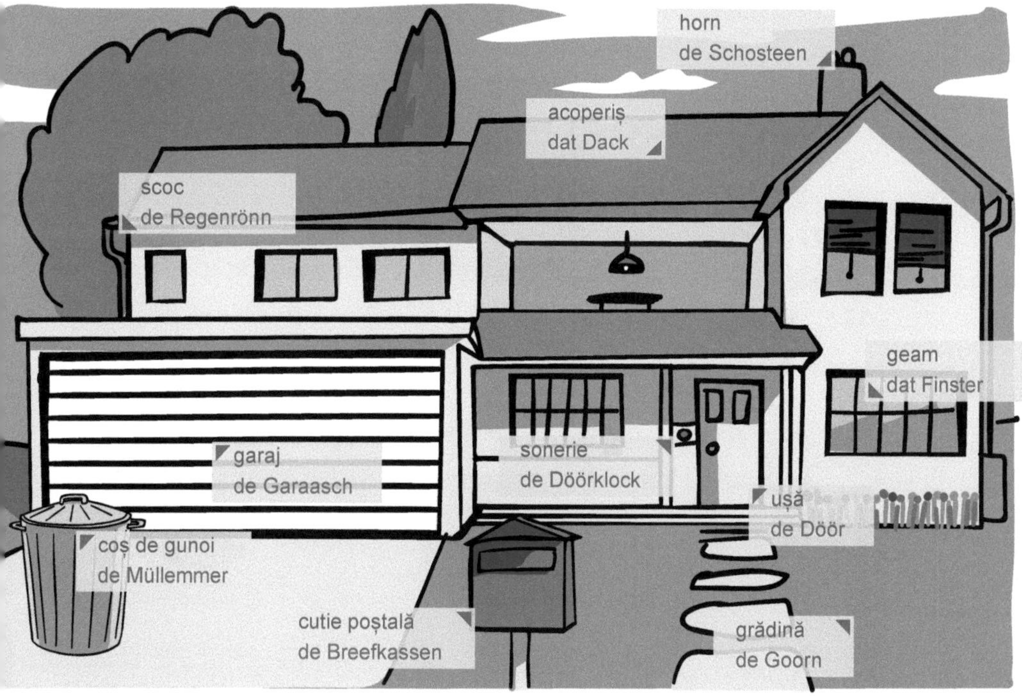

horn
de Schosteen

acoperiș
dat Dack

scoc
de Regenrönn

geam
dat Finster

garaj
de Garaasch

sonerie
de Döörklock

ușă
de Döör

coș de gunoi
de Müllemmer

cutie poștală
de Breefkassen

grădină
de Goorn

camera de zi

de Wahnstuuv

baie

de Baadstuuv

bucătărie

de Köök

dormitor

de Slaapstuuv

camera copiilor

de Kinnerstuuv

sufragerie

de Eetstuuv

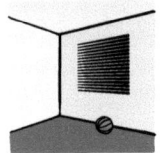

podea

de Footbodden

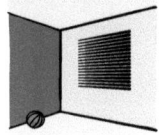

perete

de Wand

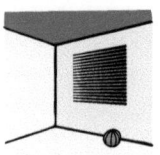

tavan

de Deek

pivniță

de Keller

saună

dat Hittluftbad

balcon

de Balkon

terasă

de Terrass

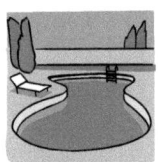

piscină

dat Swümmbad

mașină de tuns iarba

de Rasenmeiher

cearșaf

de Bettbetog

cuvertură

de Bettdeek

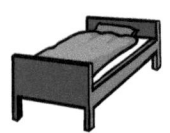

pat

de Puuch

mătură

de Bessen

găleată

de Emmer

întrerupător

de Schalter

cameră de zi
de Wahnstuuv

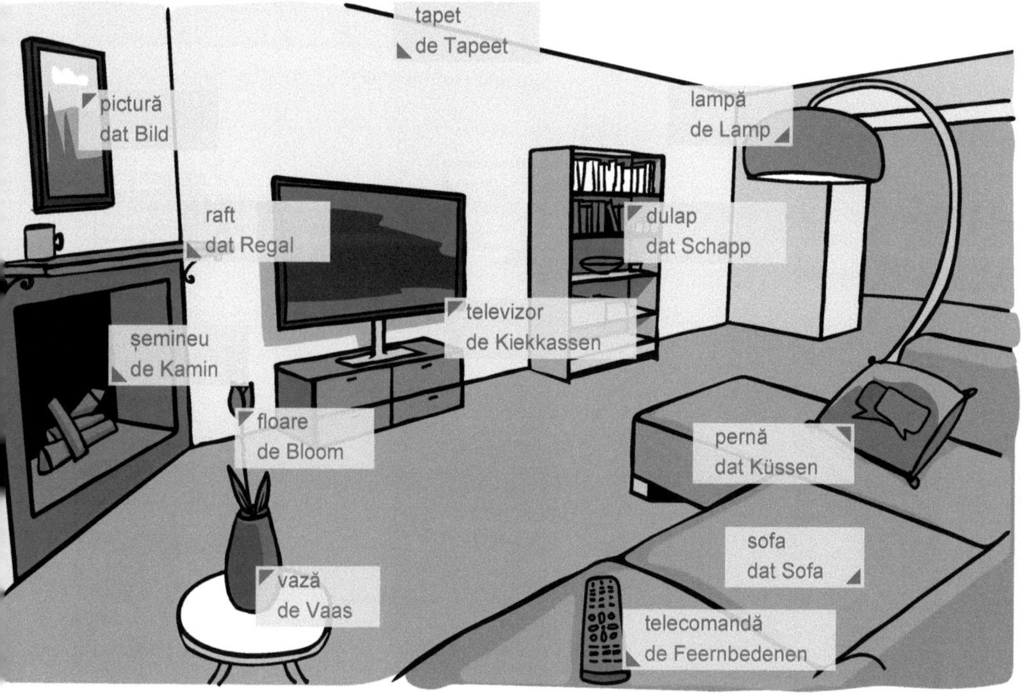
tapet
de Tapeet
pictură
dat Bild
lampă
de Lamp
raft
dat Regal
dulap
dat Schapp
televizor
de Kiekkassen
șemineu
de Kamin
floare
de Bloom
pernă
dat Küssen
sofa
dat Sofa
vază
de Vaas
telecomandă
de Feernbedenen

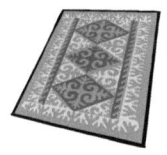

covor
de Teppich

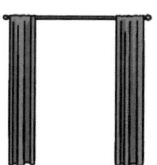

perdea
de Vörhang

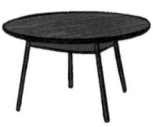

masă
de Disch

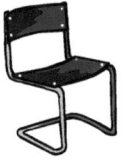

scaun
de Stohl

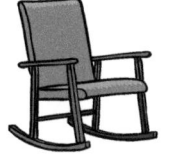

balansoar
de Schuckelstohl

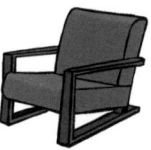

fotoliu
de Sessel

carte

dat Book

pătură

de Deek

decoraţiune

de Dekoratschoon

lemn de foc

dat Füerholt

film

de Film

instalaţie stereo

de Stereoanlaag

cheie

de Slötel

ziar

dat Narichtenblatt

desen

dat Gemälde

poster

dat Poster

radio

dat Radio

caiet de notiţe

de Opschrievblock

aspirator

de Huulbessen

cactus

de Kaktus

lumânare

de Kars

bucătărie
de Köök

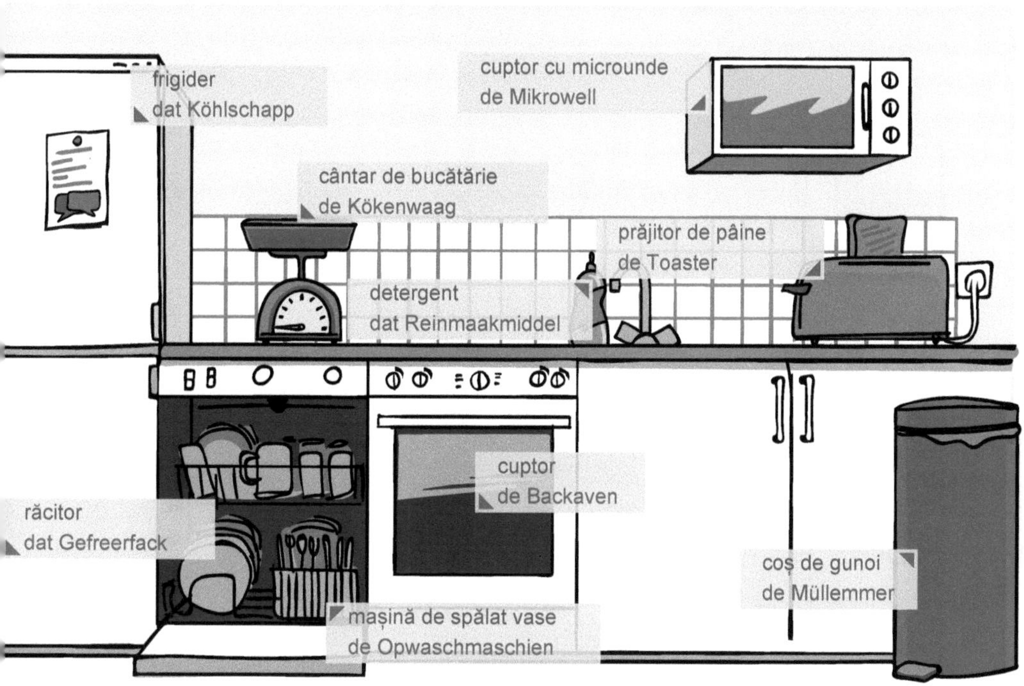
frigider
dat Köhlschapp
cuptor cu microunde
de Mikrowell
cântar de bucătărie
de Kökenwaag
prăjitor de pâine
de Toaster
detergent
dat Reinmaakmiddel
cuptor
de Backaven
răcitor
dat Gefreerfack
coș de gunoi
de Müllemmer
mașină de spălat vase
de Opwaschmaschien

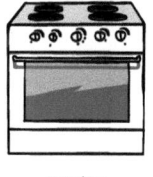

cuptor

de Heerd

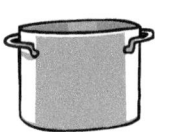

oală

de Pott

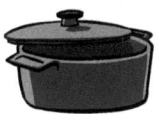

oală de metal

de Gussiesern Putt

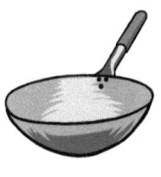

wok/kadai

de Wok / Kadai

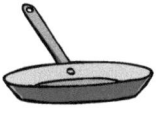

tigaie

de Pann

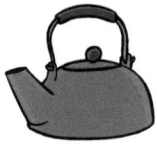

ceainic

de Waterkaker

oală de gătit cu aburi

de Dampkaakputt

tavă de copt

dat Backblick

veselă

dat Geschirr

pahar

de Beker

bol

de Schaal

bețișoare

de Eetsticken

polonic

de Suppenkell

spatulă

de Pannenwenner

tel

de Sneebessen

sită

dat Kaakseef

sită

dat Seef

răzătoare

de Riev

mojar

de Mörser

grătar

de Grill

loc pentru grătar

de Füerstell

tocător
dat Sniedbrett

sucitor
dat Nudelholt

tirbușon
de Proppentrecker

conservă
de Doos

deschizător de conserve
de Dosenaapner

șervete termice
de Pottlappen

chiuvetă
dat Waschbecken

perie
de Böst

burete
de Swamm

mixer
de Mixer

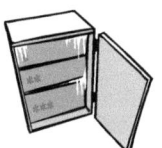

ladă frigorifică
dat Iesschapp

biberon
de Nuckelbuddel

robinet
de Waterhahn

baie

de Baadstuuv

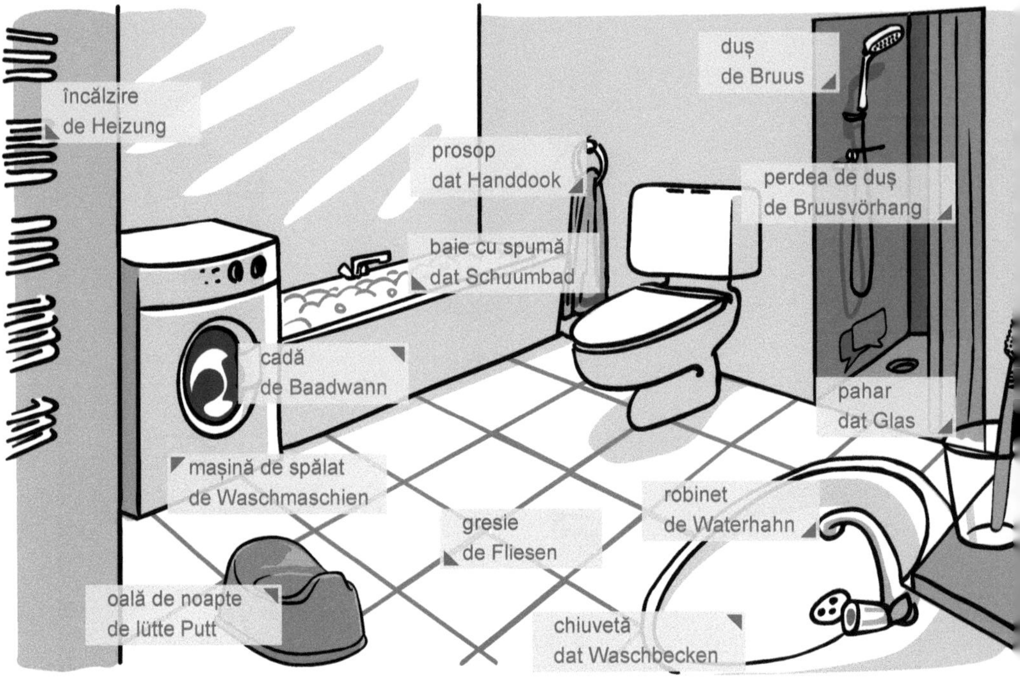

încălzire
de Heizung
duș
de Bruus
prosop
dat Handdook
perdea de duș
de Bruusvörhang
baie cu spumă
dat Schuumbad
cadă
de Baadwann
pahar
dat Glas
mașină de spălat
de Waschmaschien
robinet
de Waterhahn
gresie
de Fliesen
oală de noapte
de lütte Putt
chiuvetă
dat Waschbecken

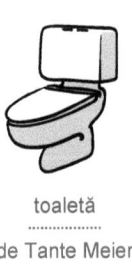

toaletă

de Tante Meier

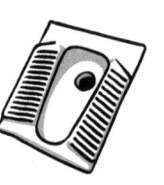

toaletă turcescă

de Hockklo

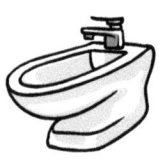

bideu

dat Bidet

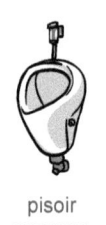

pisoir

dat Miegbecken

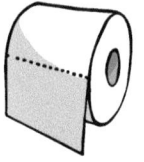

hârtie igienică

dat Klopapeer

perie de toaletă

de Klobōst

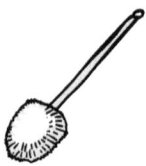

periuță de dinți

de Tähnböst

pastă de dinți

de Tähnpast

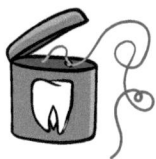

ață dentară

de Tähnsied

a spăla

waschen

cap de duș

de Handbruus

duș intim

de Intimbruus

lavoar

de Waschschöttel

perie pentru spate

de Rüchböst

săpun

de Seep

gel de duș

dat Bruusgeel

șampon

dat Hoorwaschmiddel

cârpă de spălat

de Waschlappen

scurgere

de Afloop

cremă

de Creme

deodorant

dat Deodorant

oglindă

de Spegel

oglindă cosmetică

de Kosmetikspegel

aparat de ras

de Raserer

spumă de ras

de Raseerschuum

aftershave

dat Raseerwater

pieptene

de Kamm

perie

de Böst

uscător de păr

de Hoordröger

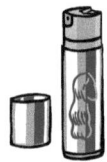

fixator

dat Hoorspray

machiaj

de Smink

ruj

de Lippensticken

lac de unghii

de Nagellack

vată

de Watt

foarfece de unghii

de Nagelscheer

parfum

dat Rüükwater

neseser

de Kulturbüdel

taburet

de Schemel

cântar

de Waag

halat de baie

de Baadmantel

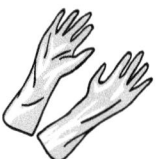

mănuși de cauciuc

de Gummihanschen

tampon

de Tampon

tampon

de Damenbinn

toaletă chimică

dat Chemieklo

camera copiilor
de Kinnerstuuv

ceas deșteptător
de Wecker
jucărie de pluș
dat Knudeldeert
mașină de jucărie
dat Speeltüüchauto
morișcă
de Klöter
casă de păpuși
dat Poppenhuus
cadou
dat Geschenk

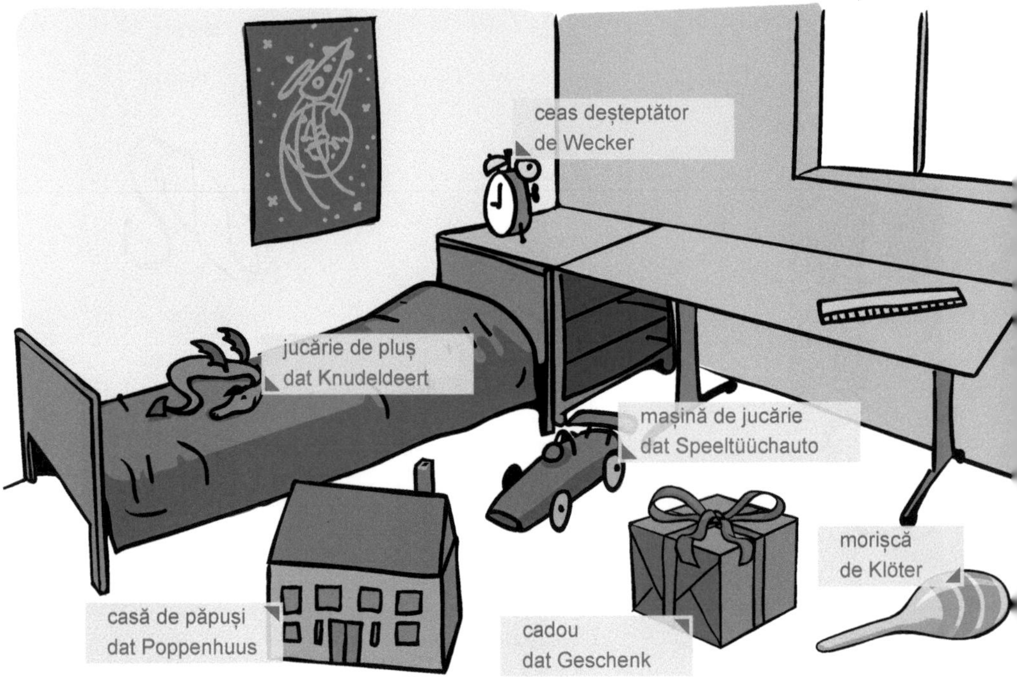

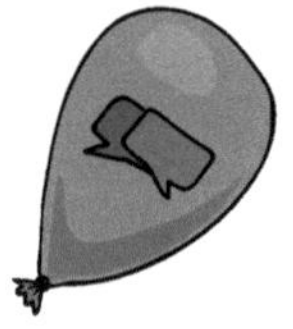

balon

de Luftballon

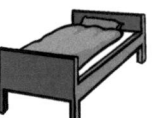

pat

de Puuch

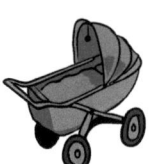

cărucior de copii

de Kinnerwagen

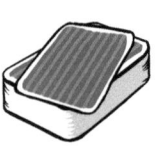

joc de cărți

dat Koortenspeel

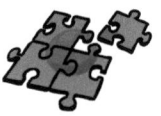

puzzle

dat Puzzle

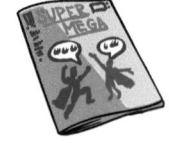

revistă de benzi desenate

de Billergeschicht

cuburi lego

de Legostenen

piese pentru construcţii

de Bustenen

personaj din filmele de acţiune

de Action-Figur

body

de Strampelantog

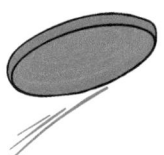

frisbee

de Frisbeeschiev

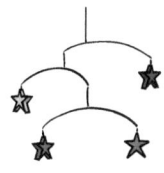

mobil

dat Mobile

joc de societate

dat Brettspeel

zar

de Wörpel

set trenuleţ de jucărie

de Modelliesenbahn

suzetă

de Snuller

petrecere

de Party

carte cu poze

dat Billerbook

minge

de Ball

păpuşă

de Popp

a se juca

spelen

groapă de nisip

de Sandkassen

leagăn

de Schuckel

jucării

dat Speeltüüch

consolă video

de Speelkonsool

tricicletă

dat Dreerad

ursuleț

de Teddyboor

dulap

dat Klederschapp

îmbrăcăminte
dat Tüüch

șosete

de Socken

ciorapi

de Strümp

dres

de Strumpbüx

şal
dat Halsdook

umbrelă
de Paraplü

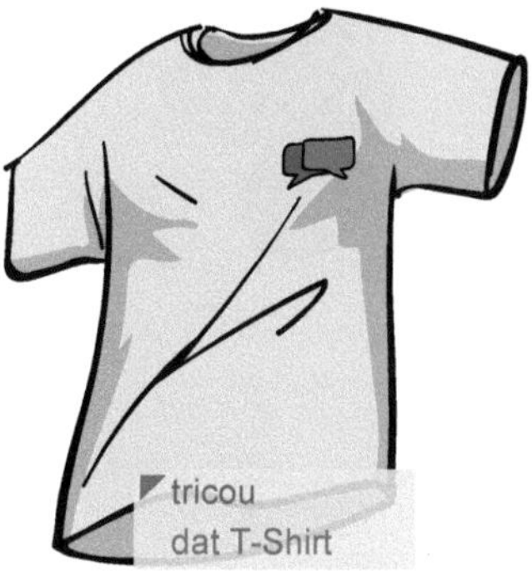

tricou
dat T-Shirt

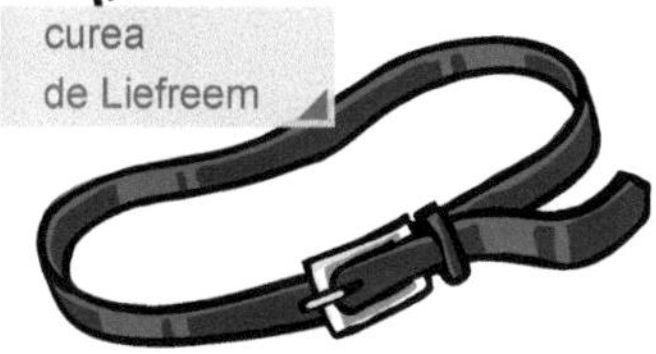

curea
de Liefreem

pantofi sport
de Turnschoh

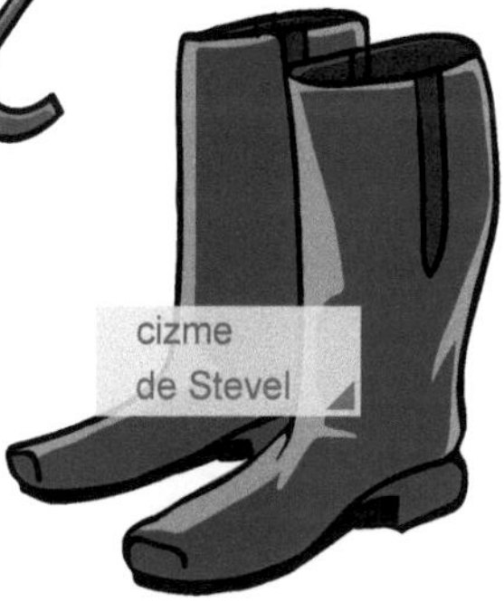

cizme
de Stevel

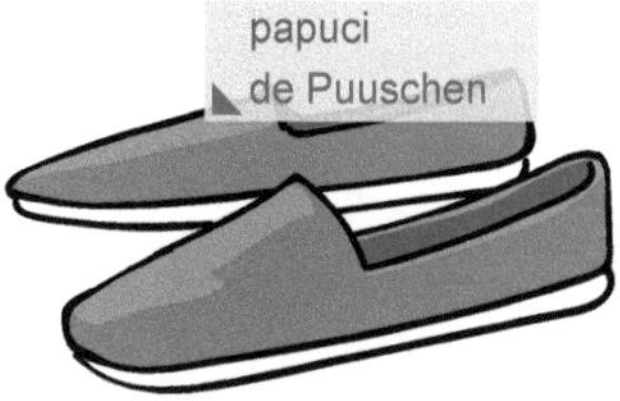

papuci
de Puuschen

sandale
de Sandalen

încălțăminte
de Schoh

cizme de cauciuc
de Gummistevel

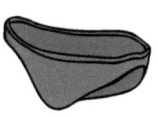

chilot
de Ünnerbüx

sutien
de Bostholler

maiou
dat Ünnerhemd

body
de Lief

pantaloni
de Büx

blugi
de Jeansnüx

fustă
de Rock

bluză
de Bluus

cămașă
dat Hemd

pulover
de Pullover

jerseu
de Kapuzenpullover

sacou
de Blazer

jachetă
de Jack

palton
de Mantel

pelerină de ploaie
de Övertrecker

costum
dat Kostüm

rochie
dat Kleed

rochie de mireasă
dat Hochtietskleed

costum
de Antog

cămașă de noapte
dat Nachtkleed

pijama
de Slaapantog

sari
de Sari

batic
dat Koppdook

turban
de Turban

burka
de Burka

caftan
de Kaftan

abaya
de Abaya

costum de baie
de Baadantog

șort
de Baadbüx

pantaloni scurți
de Korte Büx

trening
de Antog to'n Öven

șorț
de Schört

mănuși
de Handschoh

nasture

de Knopp

ochelari

de Brill

brățară

dat Armband

lanț

de Halskeed

inel

de Ring

cercel

de Ohrbummel

căciulă

de Mütz

umeraș

de Klederbögel

pălărie

de Hoot

cravată

de Binner

fermoar

de Rietslüter

cască

de Helm

bretele

dat Drachtband

uniformă școlară

de Schooluniform

uniformă

de Uniform

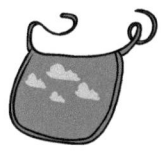

bavețică

de Severböten

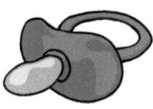

suzetă

de Snuller

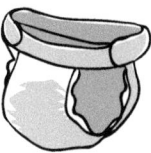

scutec

de Winnel

birou

dat Büro

server
de Server
dulap de acte
dat Aktenschapp
imprimantă
de Drucker
ârtie
at Papeer
monitor
de Bildschirm
mouse
de Muus
masă de birou
de Schrievdisch
fișier
de Orner
tastatură
dat Knoopboord
scaun
de Stohl
coș de gunoi
de Papeerkorf
computer
de Computer

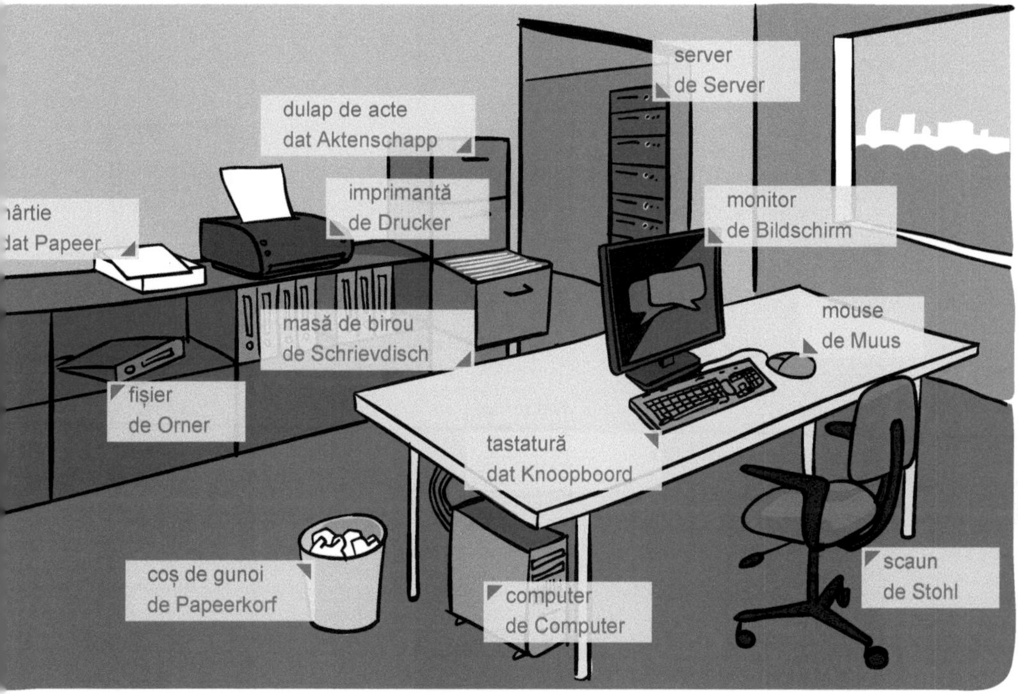

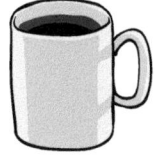

ceașcă de cafea

de Koffiebeker

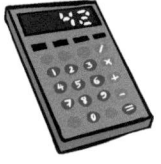

calculator

de Taschenreekner

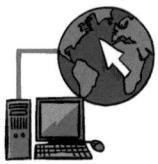

internet

dat Internet

laptop

de Klappreekner

scrisoare

de Breef

mesaj

de Naricht

telefon mobil

de Ackersnacker

rețea

dat Nettwark

copiator

de Kopeerapparat

software

de Software

telefon

de Klöönkassen

priză

de Steekdoos

fax

de Faxapparat

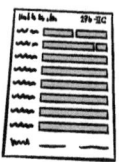

formular

dat Formulor

document

dat Dokument

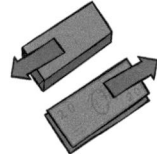

a cumpăra

köpen

a plăti

betahlen

a face comerț

hanneln

bani

dat Geld

Dolar

de Dollar

Euro

de Euro

Yen

de Yen

Rublă

de Ruvel

Franc Elvețian

de Swiezer Franken

renminbi yuan

de Renminbi Yuan

Rupie

de Rupie

bancomat

de Geldautomat

casă de schimb valutar

de Wesselstuuv

aur

dat Gold

argint

dat Sülver

petrol

dat Ööl

energie

de Energie

preţ

de Pries

contract

de Verdrag

impozit

de Stüer

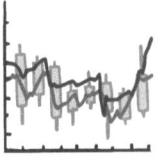

acţiune

de Andeelschien

a munci

arbeiden

angajat

de Anstellte

angajator

de Arbeitgever

fabrică

de Fabrik

magazin

de Hökerie

de Profeschonen

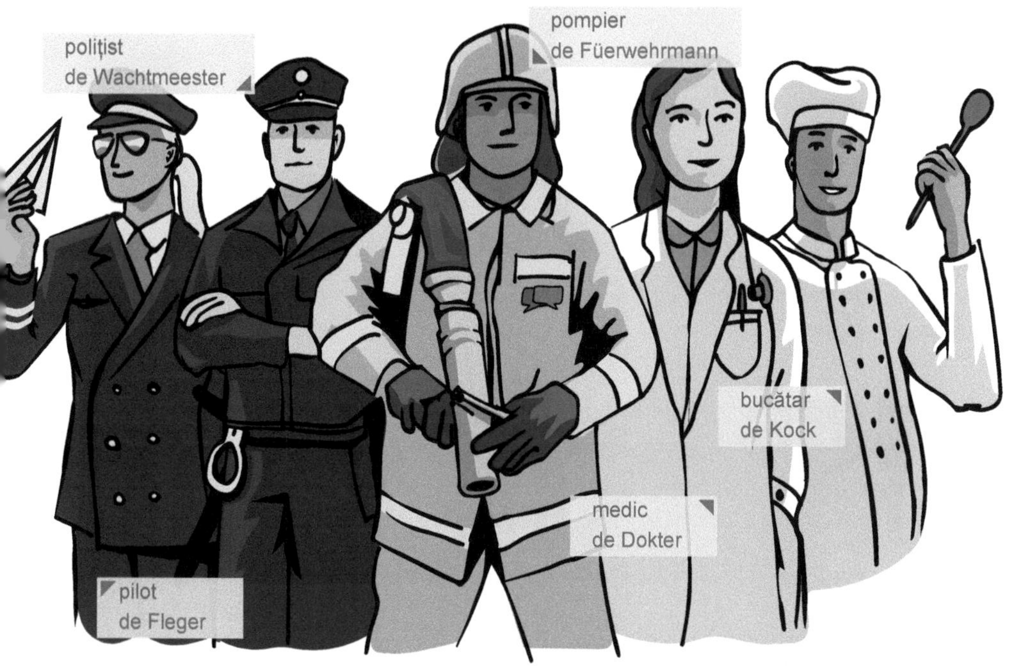
polițist
de Wachtmeester
pompier
de Füerwehrmann
bucătar
de Kock
medic
de Dokter
pilot
de Fleger

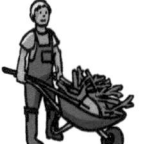

grădinar

de Goorner

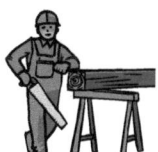

tâmplar

de Discher

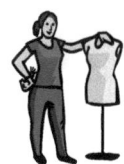

cusătoreasă

de Neihersche

judecător

de Richter

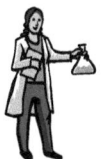

chimist

de Chemiker

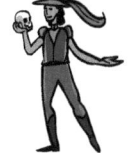

actor

de Schauspeler

șofer de autobuz

de Busfohrer

șofer de taxi

de Taxifohrer

pescar

de Fischer

femeie de serviciu

de Reinmaakfru

tinichigiu

de Dackdecker

chelnăr

de Kellner

vânător

de Jäger

pictor

de Maler

brutar

de Bäcker

electrician

de Elektriker

muncitor în construcții

de Buarbeider

inginer

de Ingenieur

măcelar

de Slachter

instalator

de Klempner

poștaș

de Postbüdel

ocupații - de Profeschonen

soldat
de Suldat

arhitect
de Architekt

casier
de Kasserer

florar
de Florist

frizer
de Putzbüdel

controlor
de Schaffner

mecanic
de Mechaniker

căpitan
de Kaptein

stomatolog
de Tähndokter

om de știință
de Wetenschopler

rabin
de Rabbi

imam
de Imam

călugăr
de Mönk

preot
de Paap

instrumente
dat Warktüüch

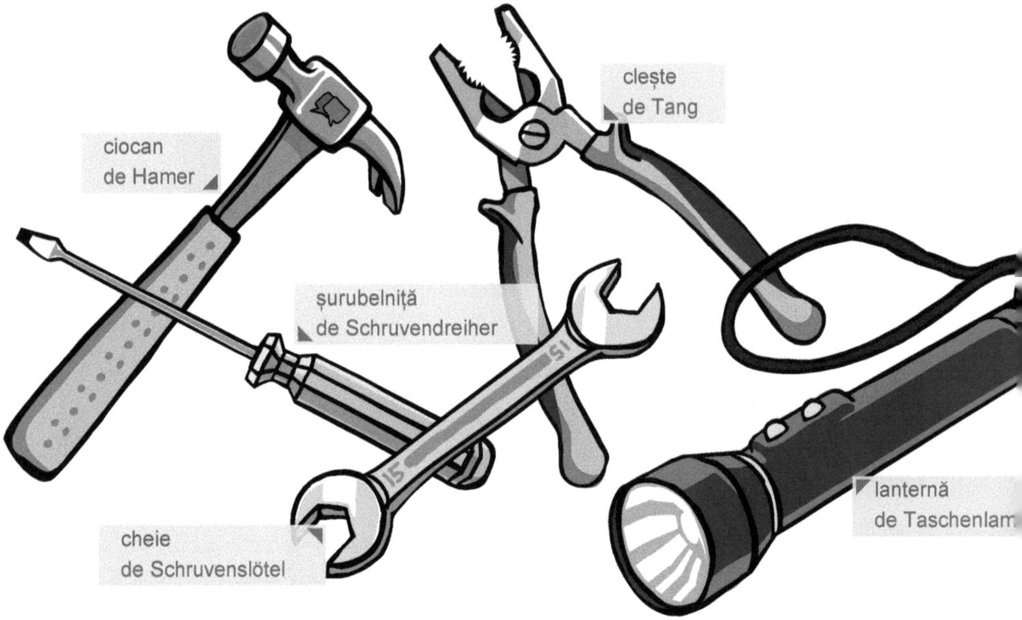

ciocan
de Hamer
clește
de Tang
șurubelniță
de Schruvendreiher
cheie
de Schruvenslötel
lanternă
de Taschenlam

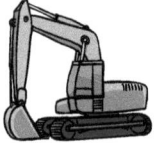

excavator

de Grieper

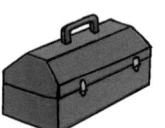

cutie de scule

de Warktüüchkassen

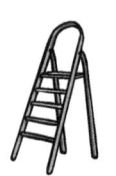

scară

de Ledder

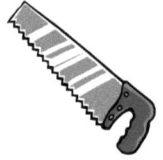

ferăstrău

de Saag

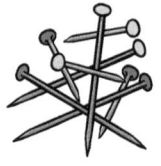

cuie

de Nagels

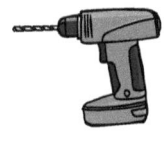

burghiu

de Bohrer

a repara
heelmaken

lopată
de Schüffel

La naiba!
Schiet!

făraș
dat Kehrblick

vas pentru vopsea
de Farvpott

șuruburi
de Schruven

instrumente muzicale
de Musikinstrumenten

difuzor
de Luutsnacker

set tobe
dat Slagtüüch

chitară
de Rietfiedel

contrabas
de Bass-Vigelien

trompetă
de Trumpeet

pian
....
dat Klaveer

vioară
....
de Vigelien

bas
....
de Bass

trombon
....
de Pauk

tobă
....
de Trummeln

keyboard
....
dat Keyboard

saxofon
....
dat Saxophon

fluier
....
de Fleut

microfon
....
dat Mikrofoon

grădină zoologică
de Deertenpark

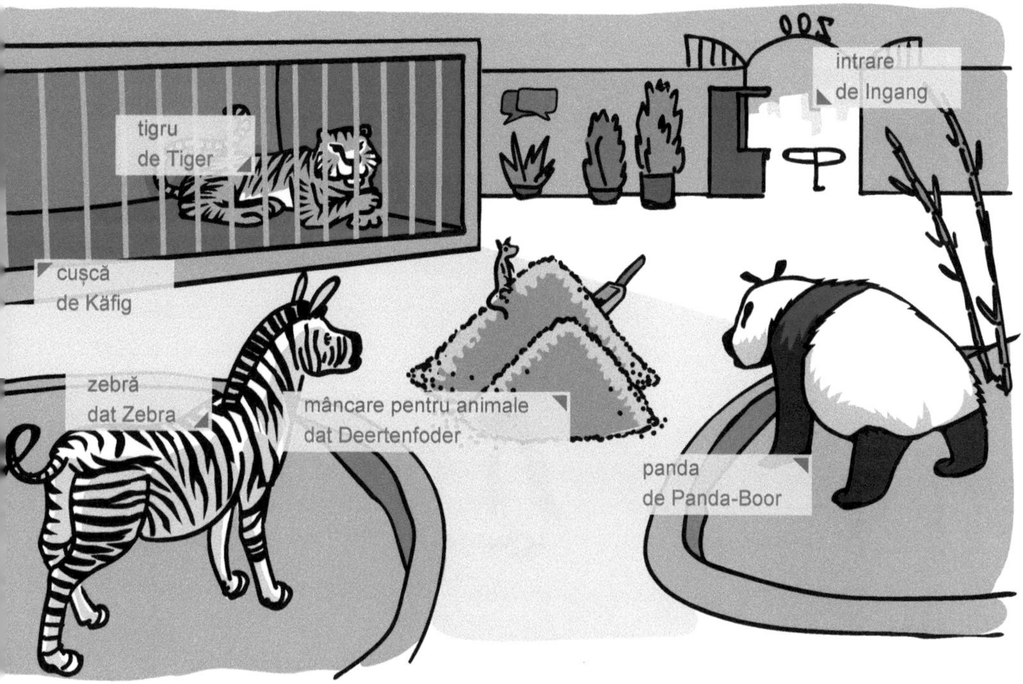

intrare
de Ingang
tigru
de Tiger
cuşcă
de Käfig
zebră
dat Zebra
mâncare pentru animale
dat Deertenfoder
panda
de Panda-Boor

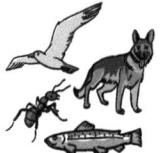

animale
de Deerten

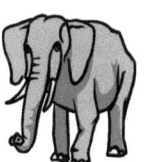

elefant
de Elefant

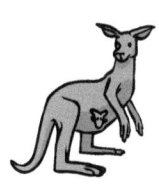

cangur
dat Känguru

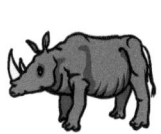

rinocer
dat Neeshoorn

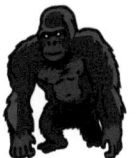

gorilă
de Gorilla

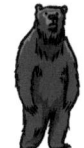

urs
de Boor

cămilă
dat Kameel

struț
de Struuß

leu
de Lööv

maimuță
de Aap

flamingo
de Flamingo

papagal
de Papagoi

urs polar
de Iesboor

pinguin
de Pinguin

rechin
de Haifisch

păun
de Pageluun

șarpe
de Slang

crocodil
dat Krokodil

îngrijitor grădina zoologică
de Oppasser in'n
Deertenpark

focă
de Saalhund

jaguar
de Jaguor

ponei

dat Pony

leopard

de Leopard

hipopotam

dat Nilpeerd

girafă

de Giraff

acvilă

de Aadler

porc mistreț

dat Wildswien

pește

de Fisch

broască țestoasă

de Schildkrööt

morsă

dat Walross

vulpe

de Voss

gazelă

de Gazell

sport

de Sport

fotbal american
de Amerikaansch Football

ciclism
dat Radfohren

tenis
dat Tennis

basketball
de Korfball

înot
dat Swümmen

box
dat Boxen

hockey pe gheață
dat Ieshockey

fotbal
de Football

badminton
dat Fedderball

atletism
de Leichtathletik

handbal
de Handball

schi
dat Skilopen

polo
dat Polo

activități
de Aktivitäten

a sări
springen
a îmbrățișa
ümarmen
a râde
lachen
a merge
gahn
a cânta
singen
a visa
drömen
a se ruga
beden
a săruta
snuteln

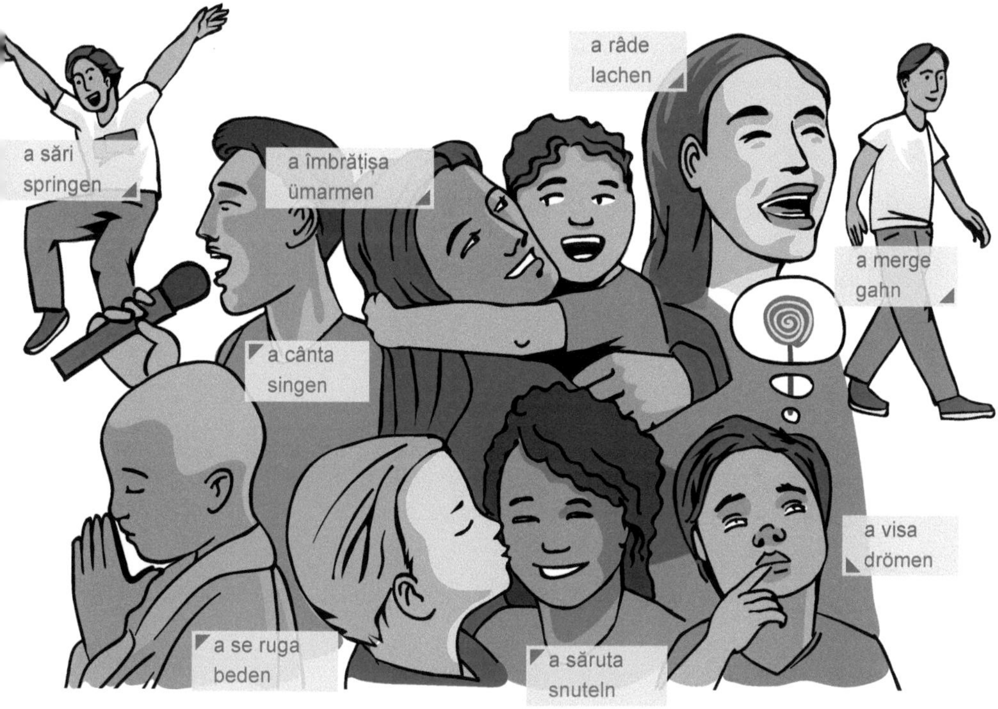

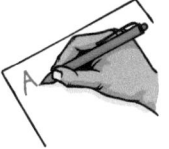

a scrie
schrieven

a desena
teken

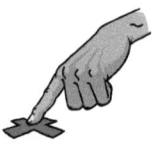

a arăta
wiesen

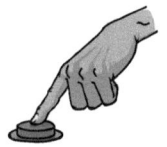

a împinge
drücken

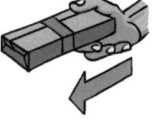

a da
geven

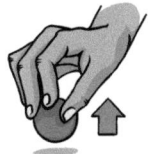

a lua
nehmen

a avea
....
hebben

a face
....
doon

a fi
....
sien

a sta în picioare
....
stahn

a fugi
....
lopen

a trage
....
trecken

a arunca
....
smieten

a cădea
....
fallen

a sta întins
....
liggen

a aștepta
....
töven

a purta
....
dregen

a ședea
....
sitten

a se îmbrăca
....
antrecken

a dormi
....
slapen

a se trezi
....
opwaken

activități - de Aktivitäten

a privi

ankieken

a plânge

wenen

a mângâia

eien

a se pieptăna

kämmen

a vorbi

snacken

a înţelege

verstahn

a întreba

fragen

a asculta

hören

a bea

drinken

a mânca

eten

a face ordine

oprümen

a iubi

leefhebben

a găti

kaken

a conduce

fohren

a zbura

flegen

a naviga

segeln

a calcula

reken

a citi

lesen

a învăța

lehren

a munci

arbeiden

a se căsători

de Plünnen tohoopsmieten

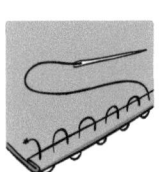

a coase

neihen

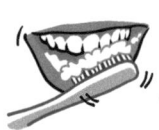

a se spăla pe dinți

Tähnen putzen

a ucide

dootmaken

a fuma

smöken

a trimite

schicken

familie
de Familje

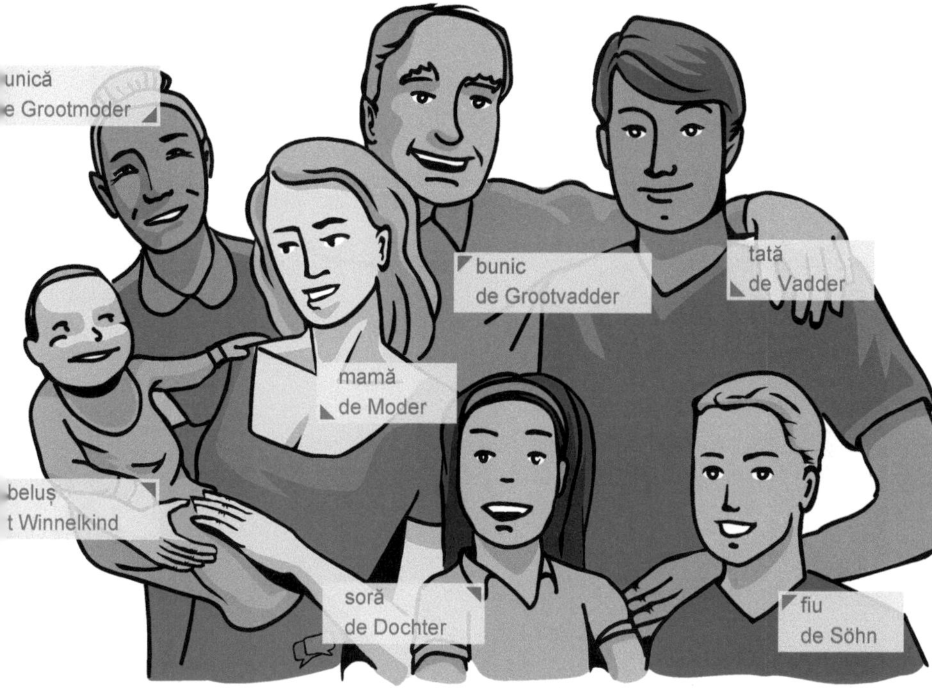
unică
e Grootmoder
bunic
de Grootvadder
tată
de Vadder
mamă
de Moder
beluș
t Winnelkind
soră
de Dochter
fiu
de Söhn

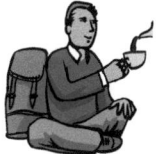

oaspete

de Gast

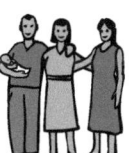

mătușă

de Tant

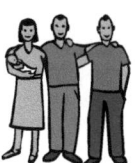

unchi

de Unkel

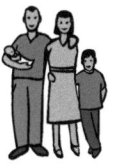

frate

de Broder

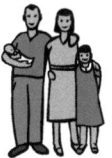

soră

de Süster

corp
de Lief

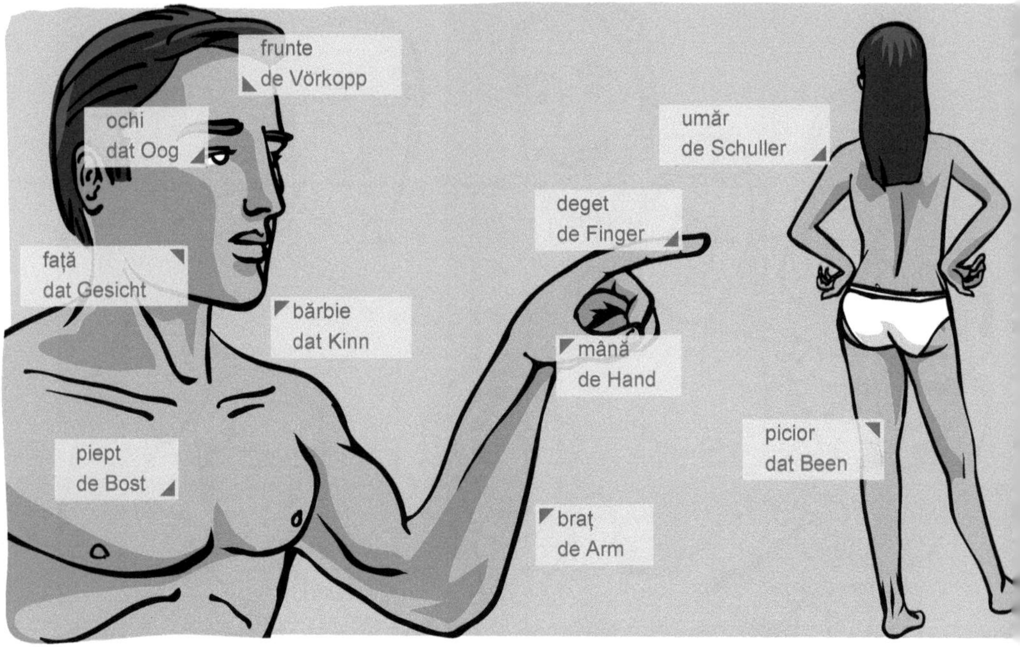

frunte
de Vörkopp
ochi
dat Oog
umăr
de Schuller
deget
de Finger
față
dat Gesicht
bărbie
dat Kinn
mână
de Hand
picior
dat Been
piept
de Bost
braț
de Arm

bebeluș

dat Winnelkind

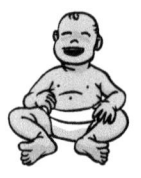

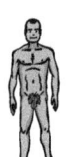

bărbat

de Mann

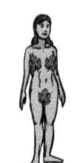

femeie

de Fro

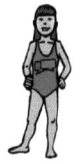

fată

de Deern

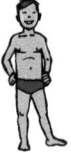

băiat

de Jung

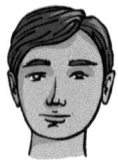

cap

de Arm

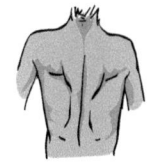

spate
....
de Rüch

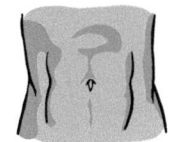

abdomen
....
de Buuk

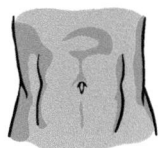

ombilic
....
de Navel

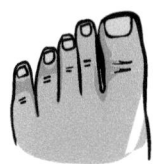

deget de la picior
....
de Teh

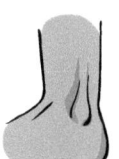

călcâi
....
de Hack

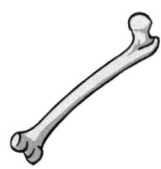

os
....
de Knaken

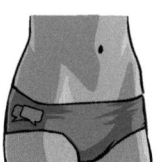

șold
....
de Hüft

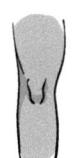

genunchi
....
dat Knee

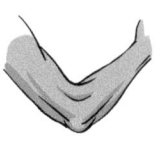

cot
....
de Ellbagen

nas
....
de Nees

fund
....
de Achtersen

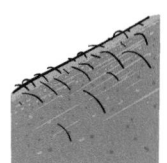

piele
....
de Huut

obraz
....
de Back

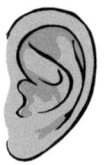

ureche
....
dat Ohr

buză
....
de Lipp

gură
....
de Mund

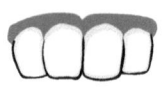

dinte
....
de Tähn

limbă
....
de Tung

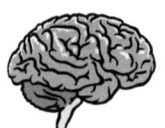

creier
....
de Bregen

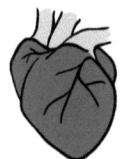

inimă
....
dat Hart

mușchi
....
de Muskel

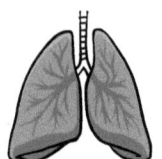

plămân
....
de Lung

ficat
....
de Lever

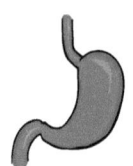

stomac
....
de Maag

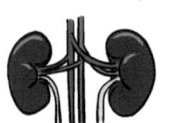

rinichi
....
de Neren

sex
....
de Bislaap

prezervativ
....
dat Kondoom

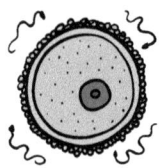

ovul
....
de Eizell

spermă
....
dat Sperma

sarcină
....
de Anner Ümstänn

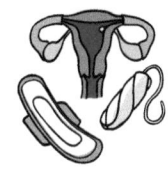

menstruație
....
de Menstruatschoon

vagin
....
de Scheed

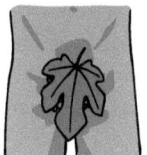

penis
....
de Pint

sprânceană
....
de Ogenbroe

păr
....
dat Hoor

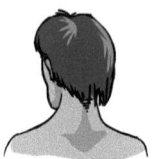

gât
....
de Hals

spital
dat Krankenhuus

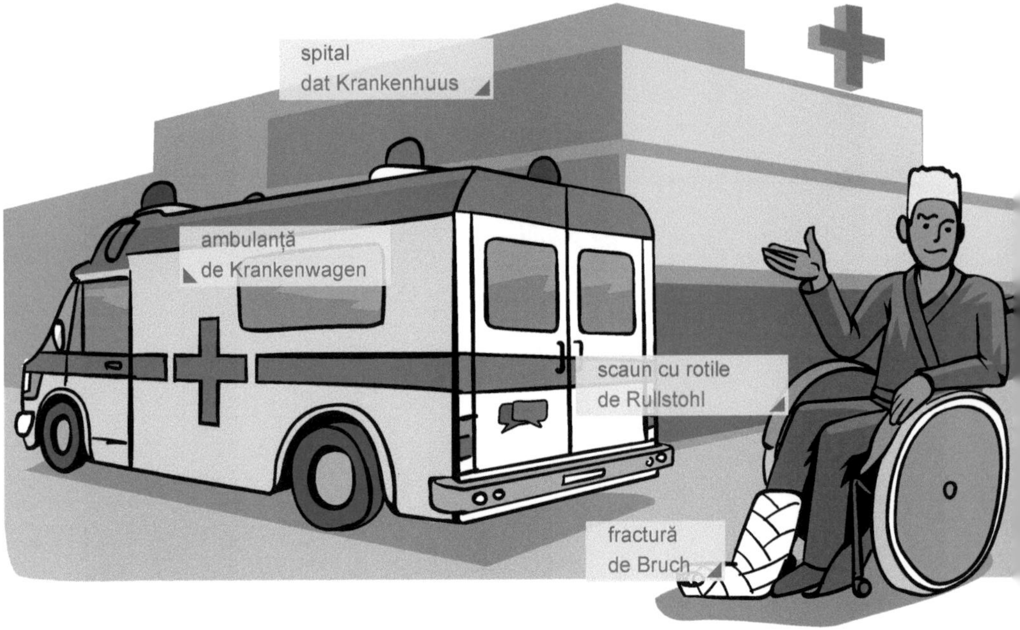

spital
dat Krankenhuus
ambulanță
de Krankenwagen
scaun cu rotile
de Rullstohl
fractură
de Bruch

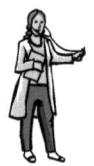

medic
de Dokter

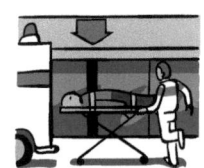

unitate de primiri urgențe
de Nootopnahm

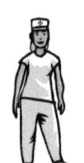

soră medicală
de Krankensuster

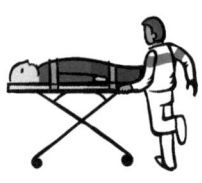

urgență
de Nootfall

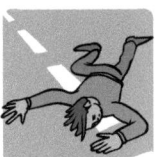

inconștient
ahnmächtig

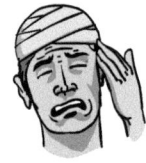

durere
de Wehdaag

leziune

de Verwunnen

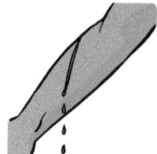

sângerare

de Blöden

infarct miocardic

de Hartinfarkt

atac cerebral

de Slaganfall

alergie

de Allergie

tuse

de Hoosten

febră

dat Fever

gripă

de Gripp

diaree

de Dörchfall

durere de cap

de Koppwehdaag

cancer

de Kreeft

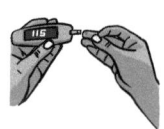

diabet

de Zuckersüük

chirurg

de Chirurg

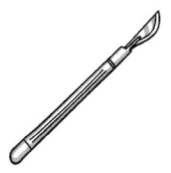

scalpel

dat Chirurgsch Mess

operaţie

de Operatschoon

CT
dat CT

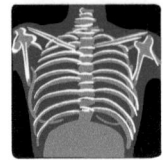

raze Röntgen
de Dörchlüchten

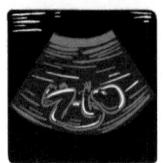

ultrasunet
de Ultraschall

mască
de Mask

boală
de Krankheit

sală de așteptare
de Töövruum

cârjă
de Krück

plasture
dat Plaaster

bandaj
de Verband

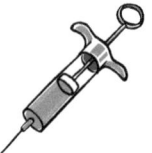

injecție
de Insprütten

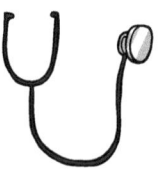

stetoscop
dat Stethoskop

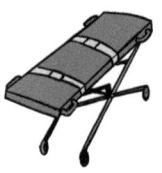

targă
de Draag

termometru
dat Feverthermometer

naștere
de Geboort

supraponderabilitate
dat Övergewicht

aparat auditiv

de Höörapparat

dezinfectant

dat Kiemfriemiddel

infecție

de Ansteken

virus

de Virus

HIV/SIDA

dat HIV / AIDS

medicină

dat Heelmiddel

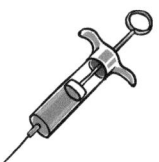

vaccin

de Impen

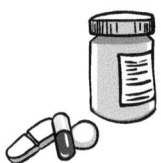

tablete

de Tabletten

pastilă

de Pill

apel de urgență

de Nootroop

aparat de măsurare a
presiunii arteriale

de Blootdruck-Meter

bolnav/sănătos

krank / gesund

Ajutor!

Hölp!

alarmă

de Alarm

agresiune

de Överfall

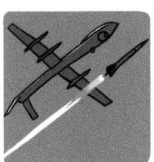

atac

de Angreep

pericol

de Gefohr

ieșire de urgență

de Nootutgang

Foc!

dat Füer!

extinctor

de Füerlöscher

accident

de Unfall

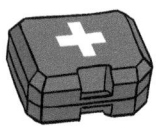

trusă de prim-ajutor

de Noothölpkoffer

SOS

SOS

poliție

de Polizei

Europa

Europa

America de Nord

Noordamerika

America de Sud

Süüdamerika

Africa

Afrika

Asia

Asien

Australia

Australien

Altantic

de Atlantik

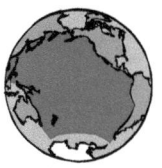

Pacific

de Pazifik

Oceanul Indian

dat Indisch Weltmeer

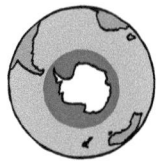

Oceanul Antarctic

dat Antarktisch Weltmeer

Oceanul Arctic

dat Arktisch Weltmeer

Polul Nord

de Noordpol

Polul Sud

de Süüdpol

Antarctica

de Antarktis

pământ

de Eerd

țară

dat Land

mare

de See

insulă

dat Eiland

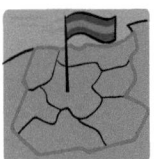

națiune

de Natschoon

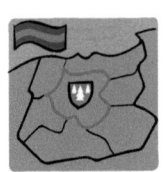

stat

de Staat

cadran

dat Tallenblatt

orar

de Stunnenwieser

minutar

de Minutenwieser

secundar

de Sekunnenwieser

Cât e ceasul?

Wo laat is dat?

zi

de Dag

timp

de Tiet

acum

nu

cead digital

de digetaalsch Klock

minut

de Minuut

oră

de Stunn

săptămână
de Week

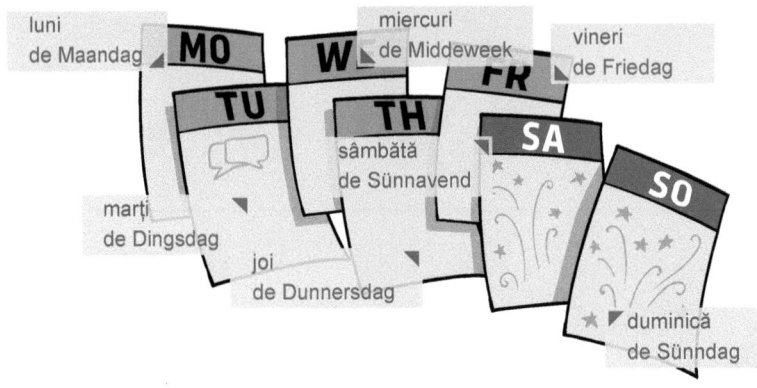

luni
de Maandag

miercuri
de Middeweek

vineri
de Friedag

marți
de Dingsdag

sâmbătă
de Sünnavend

joi
de Dunnersdag

duminică
de Sünndag

ieri

güstern

azi

hüüt

mâine

morgen

dimineață

de Morgen

amiază

de Meddag

seară

de Avend

MO	TU	WE	TH	FR	SA	SU
1	2	3	4	5	6	7
8	9	10	11	12	13	14
15	16	17	18	19	20	21
22	23	24	25	26	27	28
29	30	31	1	2	3	4

zile lucrătoare

de Arbeitsdaag

MO	TU	WE	TH	FR	SA	SU
1	2	3	4	5	6	7
8	9	10	11	12	13	14
15	16	17	18	19	20	21
22	23	24	25	26	27	28
29	30	31	1	2	3	4

week-end

dat Wekenenn

an

dat Johr

ploaie
de Regen
curcubeu
de Regenbagen
zăpadă
de Snee
vânt
de Wind
primăvară
dat Fröhjohr
toamnă
de Harvst
vară
de Sommer
iarnă
de Winter

4.APRIL 11°
5.APRIL 4°
6.APRIL 13°
7.APRIL 8°
8.APRIL 10°

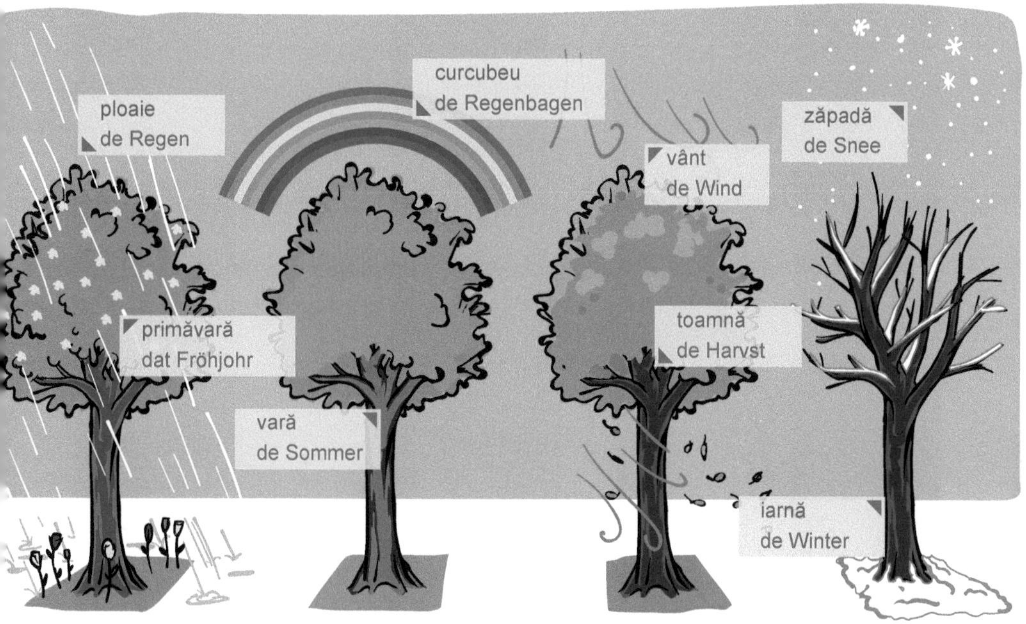

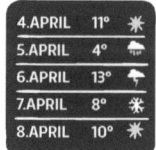

prognoză meteo

de Wedervörhersaag

F C
120 40
90 30
60 20
30 10
0 0
-30 -10
-20

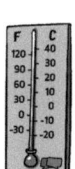

termometru

dat Thermometer

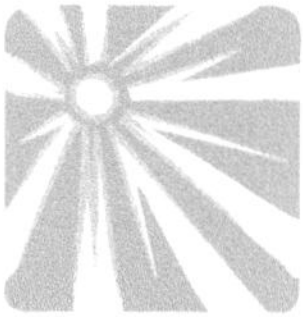

lumina soarelui

de Sünnenschien

nor

de Wulk

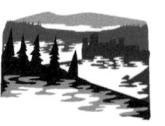

ceață

de Nevel

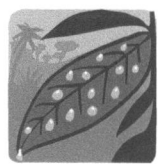

umiditate a aerului

de Luftfuchtigkeit

fulger

de Blitz

tunet

de Dunner

furtună

de Storm

grindină

de Hagel

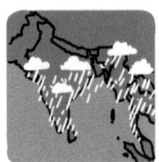

muson

de Monsun

inundație

de Floot

gheață

dat Ies

ianuarie

de Januormaand

februarie

de Februormaand

martie

de Martmaand

aprilie

de Aprilmaand

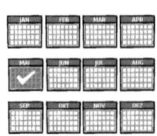

mai

de Maimaand

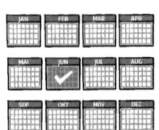

iunie

de Junimaand

iulie

de Julimaand

august

de Augustmaand

an - dat Johr

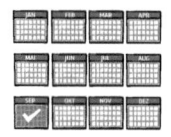

septembre
....
de Septembermaand

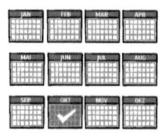

octombrie
....
de Oktobermaand

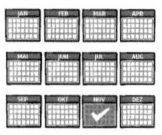

noiembrie
....
de Novembermaand

decembrie
....
de Dezembermaand

forme
de Formen

cerc
....
de Krink

pătrat
....
dat Quadrat

dreptunghi
....
dat Rechteck

triunghi
....
dat Dreeeck

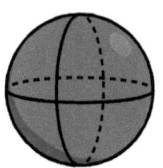

sferă
....
de Kugel

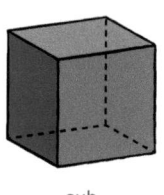

cub
....
de Wörpel

alb
....
witt

galben
....
geel

portocaliu
....
orangsch

roz
....
pink

roşu
....
root

violet
....
lila

albastru
....
blau

verde
....
gröön

maro
....
bruun

gri
....
gries

negru
....
swart

mult/puțin

veel / wenig

furios/calm

böös / verdreeglich

frumos/urât

smuck / mies

început/sfârșit

de Begünn / dat Enn

mare/mic

groot / lütt

luminos/întunecat

hell / düüster

frate/soră

de Broder / de Süster

curat/murdar

schier / schietig

complet/incomplet

kumpleet / nich kumpleet

zi/noapte

de Dag / de Nacht

mort/viu

doot / lebennig

lat/strâmt

breet / small

comestibil/necomestibil

geneetbor / nich geneetbor

răul/prietenos

böös / fründlich

emoționat/plictisit

fickerig / langwielt

gras/slab

dick / dünn

primul/ultimul

toeerst / toletzt

prieten/inamic

de Fründ / de Fiend

plin/gol

vull / leddig

tare/moale

hart / week

greu/ușor

swoor / licht

foame/sete

de Smacht / de Döst

bolnav/sănătos

krank / gesund

ilegal/legal

nich na't Recht / na't Recht

inteligent/stupid

klook / dummerhaftig

stânga/drepta

linkerhand / rechterhand

aproape/departe

neeg / feern

antonime - de Gegendelen

nou/uzat

nieg / bruukt

nimic/ceva

nix / wat

bătrân/tânăr

oolt / jung

pornit/oprit

an / ut

deschis/închis

apen / slaten

încet/tare

lies / luut

bogat/sărac

riek / arm

corect/fals

richtig / verkehrt

aspru/neted

ruug / glatt

trist/fericit

trurig / glücklich

lung/scurt

kort / lang

încet/repede

suutje / flink

ud/uscat

natt / dröög

cald/rece

warm / köhl

război/pace

de Krieg / de Freden

0

zero

null

1

unu

een

2

doi

twee

3

trei

dree

4

patru

veer

5

cinci

fief

6

şase

söss

7

şapte

söven

8

opt

acht

9

nouă

negen

10

zece

teihn

11

unsprezece

ölven

12

douăsprezece

twölf

13

treisprezece

dörteihn

14

paisprezece

veerteihn

15

cincisprezece

föffteihn

16

șaisprezece

sössteihn

17

șaptesprezece

söventeihn

18

optsprezece

achtteihn

19

nouăsprezece

negenteihn

20

douăzeci

twintig

100

o sută

hunnert

1.000

o mie

dusend

1.000.000

un milion

million

engleză

dat Engelsch

engleză americană

dat Amerikaansch Engelsch

chineza mandarină

dat Chineesch Mandarin

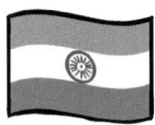

hindi

dat Hindi

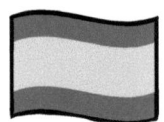

spaniolă

dat Spaansch

franceză

dat Franzöösch

arabă

dat Araabsch

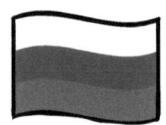

rusă

dat Rusch

protugheză

dat Portugiesch

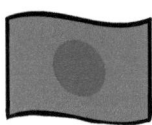

bengaleză

dat Bengaalsch

germană

dat Düütsch

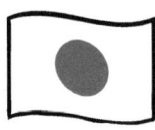

japoneză

dat Japaansch

eu
·············
ik

tu
·············
du

el/ea
·············
he / se / dat

noi
·············
wi

voi
·············
ji

ea
·············
se

cine?
·············
keen?

ce?
·············
wat?

cum?
·············
woans?

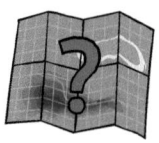

unde?
·············
woneem?

când?
·············
wannehr?

nume
·············
de Naam

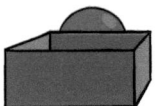

în spate

achter

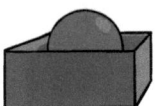

în

in

înainte

vör

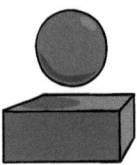

peste

över

pe

op

sub

ünner

lângă

blangen

între

twüschen

loc

de Oort